CUADERNO DE ESPAÑOL PARA ALUMNC

BELÉN MUÑOZ

MIS PRIMEROS DÍAS

SOCIEDAD GENERAL ESPAÑOLA DE LIBRERÍA, S.A.

SGEL

Primera edición, 2002
Segunda edición, 2005
Tercera edición. 2008

Produce SGEL - Educación
Avda. Valdelaparra, 29.
28108 ALCOBENDAS (MADRID)

Cubierta: Carla Esteban.
Maquetación: Susana Belmonte.
Dibujos: Victor Moreno.

ISBN: 978-84-7143-947-5
Depósito Legal: M-23077-2008
Printed in Spain - Impreso en España

Composición: Susana Belmonte.
Fotomecánica: Preyfot, S.L.
Impresión: Sittic, S.L.
Encuadernación: Rústica Hilo, S.L.

PRESENTACIÓN

Mis primeros días es un cuaderno de trabajo destinado a la enseñanza de español como segunda lengua para alumnos y alumnas inmigrantes recién llegados. Es el fruto de una labor de recopilación de diferentes actividades didácticas utilizadas durante varios años como profesora de compensatoria.

Está estructurado en unidades elaboradas en torno a diferentes temas relacionados con las necesidades, el interés y la experiencia de estos alumnos.

En todas las unidades está presente el componente intercultural y el entorno escolar que rodea al niño inmigrante en el país de acogida.

La sencillez y facilidad con la que están diseñadas las diferentes actividades permite su utilización en muy variadas situaciones de enseñanza-aprendizaje: **en la clase de apoyo, en el aula de integración lingüística o en el aula de referencia.**

Es un cuaderno pensado desde el aula y para el aula, experimentado por un grupo de compañeros que me animaron a mejorarlo, actualizarlo y sacarlo a la luz.

Mi deseo es que facilite el trabajo diario de enseñanza del español como segunda lengua a estos niños y niñas inmigrantes.

Belén Muñoz

ÍNDICE

1. ¡Hola!  Saludo y me presento.

2. Mi casa.  Describo.

3. Mi familia.  Presento.

4. Mi "cole".  Doy y recibo órdenes.

5. La calle.  Pido y doy información.

6. Las compras.  Compro y vendo.

7. Juego y me divierto.  ¿Cuándo? ¿Dónde?

8. ¿Qué hora es?  Pregunto y respondo sobre la hora y el tiempo.

9. El médico. Mi cuerpo. Enfermedad e higiene.

10. Quisiera ser. Expreso deseos.

TODAS LAS COSAS QUE PUEDO HACER...

 Cuento y leo.

 Dibujo.

 Escribo.

 Canto.

 Estudio y aprendo.

 Contesto.

 Recuerdo.

 Adivina, adivinanza.

 Para casa.

 Cambio.

 Coloreo.

 ¡Ya sé!

 Relaciono.

 Diálogo.

 Busco en el diccionario.

 Juego:  a la cuerda con las manos.

¡Hola!, soy Ana, soy española.

¡HOLA!

¡Hola! somos de Polonia.

Silvia   Monika

¡Buenas tardes! ¡Buenas noches!

¡Hola! Soy John, vengo de Filipinas, soy filipino.

BILBAO
FRANCIA
LEÓN
PORTUGAL
MADRID
BARCELONA
CÁDIZ
MURCIA
GRANADA
Ceuta
Melilla
MARRUECOS

¡Soy André! Soy de Camerún, soy camerunés.

¡Hola! Soy Mohamed, vengo de Marruecos, soy marroquí.

- ¿Cómo te llamas?
- ¿De dónde eres?
- ¿De dónde vienes?

- Yo me llamo _____
- Yo vengo de _____
- Yo soy _____

Contesto ○○○○○○○○○○○○

- Mi compañero:

  - ¿Cómo te llamas? _____
  - ¿De dónde vienes? _____
  - ¿De dónde eres? _____

Cambiamos ○○○○○○○○○○○○

- Su compañero:

  - ¿Cómo se llama? _____
  - ¿De dónde viene? _____
  - ¿De dónde es? _____

Dibujo: ○ ○ ○ ○

– El profesor   – el "profe"
– La señorita   – la "seño"
– La profesora   – la "profe"

Contesto ○ ○ ○ ○ ○ ○ ○ ○ ○ ○ ○

○ ¿Cómo se llama? ....

○ ¿De dónde es?   ....

○ ¿De dónde es...? ....

Estudio ○ ○ ○ ○ ○ ○ ○ ○ ○ ○ ○

UNO   DOS   TRES   CUATRO   CINCO   SEIS   SIETE   OCHO   NUEVE   DIEZ   ONCE   DOCE

¿Cuántos años tienes?

yo tengo ocho   yo, siete   yo, nueve   nosotras, diez y once.

Contesto ∘∘∘∘∘∘∘∘∘∘

- ¿Cuántos años tiene la "seño" o el "profe"?

  --- --- --- --- --- --- --- --- --- --- --- --- --- --- ---

- ¿Cuántos años tiene ＿＿＿＿＿＿＿＿?

  --- --- --- --- --- --- --- --- --- --- --- --- --- --- ---

- ¿Cuántos años tiene ＿＿＿＿＿＿＿＿?

  --- --- --- --- --- --- --- --- --- --- --- --- --- --- ---

- ¿Cuántos años tengo yo?

  --- --- --- --- --- --- --- --- --- --- --- --- --- --- ---

¿Dónde vives?

Contesto ∘∘∘∘∘∘∘∘∘∘

- ¿Dónde vive la profesora o el profesor? --- --- --- ---

Contesto ○○○○○○○○○○○

○ ¿Cuántos años tiene _____?

_____

○ ¿Cuántos años tiene _____?

_____

○ ¿Cuántos años tengo?

_____

Recuerdo ○○○○○○○○○○

Relaciono ○○○○○○○○○○○

– Filipinas   – Monika

– Marruecos   – Ana

– Polonia   – John

– España   – Mohamed

– Guinea   – André

Contesto ○○○○○○○○○○○

○ ¿Cómo te llamas? _____

○ ¿De dónde eres? _____

○ ¿De dónde vienes? _____

○ ¿Cuántos años tienes? _____

Pregunto a papá y a mamá ○○○○○○○○○○

○ ¿Cómo se llaman? Papá y mamá se llaman _____

○ ¿De dónde son? _____

○ ¿De dónde vienen? _____

○ ¿Dónde viven? _____

○ ¿Cuántos años tienen? _____

¡Ya sé! ○○○○○○○○○○

Mohamed se presenta.

Me llamo Mohamed, vengo de Marruecos, soy marroquí; tengo ocho años; mi padre se llama Mohamed y mi madre, Fátima; tengo tres hermanas. Mi profesora se llama Belén. Ahora vivo en España.

Estudio ○○○○○○○○○○

13	14	15	16	17	18	19
TRECE	CATORCE	QUINCE	DIECISÉIS	DIECISIETE	DIECIOCHO	DIECINUEVE

 Me dibujo ...

 ¡Ya sé!... Me presento ....

 Estudio ....

20	21	22	23	24	25
VEINTE	VEINTIUNO	VEINTIDÓS	VEINTITRÉS	VEINTICUATRO	VEINTICINCO

26	27	28	29	30
VEINTISÉIS	VEINTISIETE	VEINTIOCHO	VEINTINUEVE	TREINTA

2 MI CASA

IGLÚ

CABAÑA

CASA ÁRABE

TIENDA INDIA

CASA DE PISOS

CASA DE CAMPO

Diálogo o o o o o o o o o o o o o

¿Qué casas se utilizan ahora? ¿Dónde?

Cuento ∘∘∘∘∘∘∘∘∘∘∘

Esta es mi casa en... Polonia.

Mi casa es grande, es bonita, tiene un jardín con flores, muchas ventanas, una puerta y una chimenea. Mi casa está en el campo.

Esta es mi casa de España.

Es pequeña, no es muy bonita, y tiene tres habitaciones: una es de papá y mamá, otra es mía y otra es de unos amigos. Tiene una cocina, un baño y un salón para ver la "tele".

1. cocina
2. baño
3. mi habitación
4. la habitación de los amigos
5. la habitación de mis papás
6. salón

Esta es mi casa de Madrid.

 Dibujo mi casa española ○○○○○○○○○○○

 Escribo cómo es mi casa de España ○○○○○○○○○○○

Contesto y cuento a mis compañeros ○ ○ ○ ○ ○ ○ ○ ○ ○ ○

○ ¿Cuántas habitaciones tiene mi casa?

○ ¿Cuántas habitaciones son para dormir?

○ ¿Qué hay en el salón?

¡Ya sé cómo es la casa de...! ○ ○ ○ ○ ○ ○ ○
(pregunto a un compañero)

○ ¿Cuántas habitaciones tiene la casa de...?

○ ¿Cuántas habitaciones son para dormir?

○ ¿Qué hay en el salón?

Estudio ○ ○ ○ ○ ○ ○ ○ ○ ○ ○

¿Cuántos días tiene la semana?

La semana tiene 7 días.

LUNES, MARTES, MIÉRCOLES, JUEVES, VIERNES, SÁBADO Y DOMINGO.

El mes tiene 28, 30 ó 31 días

ENERO, FEBRERO, MARZO, ABRIL, MAYO, JUNIO, JULIO, AGOSTO, SEPTIEMBRE, OCTUBRE, NOVIEMBRE, DICIEMBRE.

2

 Dibujo mi casa de mi país ..

 Escribo cómo es la casa de mi país ○○○○○○○○○○○

 Coloreo ○○○○○○○○○○○

Contesto ∘∘∘∘∘∘∘∘∘∘

○ ¿Qué días son fiesta en España?

○ ¿Qué días son fiesta en mi país?

○ ¿Qué día es la fiesta de la Comunidad Autónoma donde vivo?

○ ¿Qué días son fiesta en la ciudad o en el pueblo donde vivo?

○ ¿Qué días son fiesta en la ciudad o en el pueblo donde nací?

Escribo los días de la semana ∘∘∘∘∘∘∘∘∘∘

¿Qué días de la semana tenemos que ir al colegio?
¿Qué días de la semana son fiesta?

— En España:

— En mi país:

Escribo los días de la semana en mi idioma ∘∘∘∘∘∘∘∘∘∘

Escribo ....

Todo está en la casa. ¿Cómo se llama?

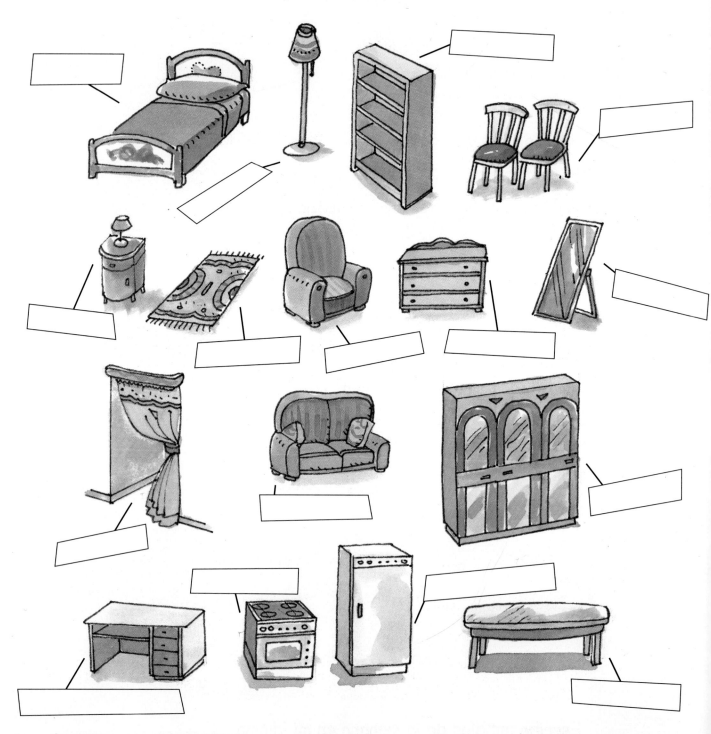

LÁMPARA - FRIGORÍFICO - ESTANTERÍA - MESILLA - SILLAS - COCINA -
ALFOMBRA - SILLÓN - CÓMODA - CAMA - ARMARIO - MESA -
SOFÁ - CORTINA - MESA DE ESTUDIO (ESCRITORIO) - ESPEJO

Recuerdo ....   Dibujo ....  Relaciono ....

¿Dónde está?

– el baño

– la mesilla

– el frigorífico

– la taza

– el cuchillo

– el plato

– la manta

– la sábana

– la ducha

EL SALÓN

LA COCINA

EL BAÑO

LAS HABITACIONES

– la cama

– la mesa

– la silla

– el sofá

– la ventana

– el armario

– la cocina

– la lámpara

– la puerta

MI FAMILIA

Escribo el nombre ∘∘∘∘∘∘∘∘∘∘

| abuelo | abuela | abuelo | abuela |

| padre | madre |

tío   tía   tío   tía

hermano   yo   hermana

Querida madre:

Te escribo en español para que practiques y cuando vengas a Madrid no tengas problemas.

¿Cómo están mis hermanos? ¿La abuela Laila está mejor de la espalda? El tío Abraham por fin va a venir a España. Bueno, aquí no todo es fácil. Ahora ya tengo amigos en el Instituto, y la comida me empieza a gustar.

Muchos besos,

André

Contesto sobre mí y sobre mi familia ∘∘∘∘∘∘∘∘∘∘

1. ¿Cómo te llamas? _____

2. ¿Dónde vives? _____

3. ¿Cuántos años tienes? _____

4. ¿Cómo se llaman tu padre y tu madre? _____

5. ¿Cómo se llama tu hermano/a (hermanos/as)? _____

6. ¿Cómo se llama tu tía? _____

3

Cuento ○○○○○○○○○○

Esta es mi hermana Silvia. Silvia es alta y delgada. Tiene el pelo rubio y los ojos verdes. Es tímida y lleva un pantalón vaquero y una camisa verde.

Este es mi amigo Mohamed. No es muy alto, es bajo, es delgado, tiene el pelo negro y su piel es oscura, de color marrón. Es simpático y alegre. Lleva un pantalón gris y una camisa blanca.

Dibujo ○○○○○○○○○○

 CONTRARIO

ALTO/A	DELGADO/A
GORDO/A	RUBIO/A
FEO/A	CLARO/A
MORENO/A	TRISTE
OSCURO/A	GUAPO/A
SIMPÁTICO/A	ANTIPÁTICO/A
ALEGRE	BAJO/A

Recuerdo ° ° ° ° ° ° ° ° ° °

1. La madre de tu padre es tu _____

2. El padre de tu madre es tu _____

3. El hijo de tu tía es tu _____

4. La hija de tu tío es tu _____

5. La hermana de tu madre es tu _____

6. El hermano de tu madre es tu _____

 Me dibujo ° ° ° ° ° ° ° ° ° ° °

 **Cuento cómo soy** ° ° ° ° ° °

_____

_____

_____

_____

_____

_____

 Dibujo a mi compañero ° ° ° ° °

 Cuento cómo es ° ° ° ° ° ° °

_____

_____

_____

_____

_____

_____

3

Jugamos por parejas ○○○○○○○○○○○

¿En qué compañero o compañera estoy pensando?

Cambiamos ¿Quién es? ¿Cómo es? ○○○○○○○○○○○

○ ¿Es alto/a o bajo/a? _ _ _ _ _ _ _ _ *Es alto/a.* _ _ _ _ _ _ _ _

○ ¿Es rubio/a o moreno/a? _ _ _ _ _ _ _ _ _ _ _ _ _ _ _

○ ¿De qué color son sus ojos? _ _ _ _ _ _ _ _ _ _ _ _

○ ¿Cómo es su piel? _ _ _ _ _ _ _ _ _ _ _ _ _ _ _ _

○ ¿Es tímido/a? _ _ _ _ _ _ _ _ _ _ _ _ _ _ _ _ _ _

○ ¿Es simpático/a? _ _ _ _ _ _ _ _ _ _ _ _ _ _ _ _

○ ¿Es alegre? _ _ _ _ _ _ _ _ _ _ _ _ _ _ _   Es _ _ _ _ _ _ _ _ _ _ _ _

Ahora dibujo a mi compañero ○○○○○

Coloreo ○○○○○○○○○○○

Escribo ∘∘∘∘∘∘∘∘∘∘

○ Si soy tía, tengo sobrinos.

○ Si soy hija, tengo _ _ _ _ _

○ Si soy nieta, tengo _ _ _ _ _

○ Si soy padre, _ _ _ _ _   _ _ _ _ _ _

○ _ _   _ _   madre   _ _ _ _   _ _ _ _ _

○ _ _   _ _   prima   _ _ _ _   _ _ _ _ _

○ _ _   _ _   sobrina   _ _ _ _ _ _

○ _ _   _ _   abuelo   _ _ _ _   _ _ _ _ _

Escribo ∘∘∘∘∘∘∘∘∘∘

Pongo "la" o "el"

_la_	madre
_ _ _ _	hermano
_ _ _ _	compañera
_ _ _ _	seño
_ _ _ _	amigo
_ _ _ _	casa
_ _ _ _	abuela

_ _ _ _	primo
_ _ _ _	mesa
_ _ _ _	tío
_ _ _ _	frigorífico
_ _ _ _	sobrina
_ _ _ _	nieta
_ _ _ _	niño

3

Recuerdo o o o o o o o

Ser
yo soy
tú eres
él/ella es
nosotros/as somos
vosotros/as sois
ellos/as son

Completo con *ser* o o o o o o o o o o o

○ Yo soy alto.

○ Tú _ _ _ _ _ rubio.

○ Silvia _ _ _ _ _ guapa.

○ Mohamed _ _ _ _ _ simpático.

○ Nosotras _ _ _ _ _ marroquíes.

○ Vosotros _ _ _ _ _ morenos.

○ Ellas _ _ _ _ _ polacas.

Completo con: *mi, tu, su* o o o o o o o o o o o

Se utiliza para indicar a quién pertenece algo: mi boli, tu casa, su coche.

– Esta es la casa de Silvia, esta es _ su _ casa.

– Esta es la hermana de John, esta es _ _ _ _ _ hermana

– Esta es _ _ _ _ mamá.

– Este es _ _ _ _ papá.

Estudio y completo o o o o o o o o o o o

31	32	33	34	35
TREINTA Y UNO	TREINTA Y DOS	TREINTA Y TRES	....	....

36	37	38	39
....	....	....	....

Canto la canción ○○○○○○○○○○○

"Inés, Inés, Inesita, Inés"
Tres hojitas, madre, tiene el arbolé,
tiene el arbolé, tiene el arbolé.
La una en la rama,
las dos en el pie,
las dos en el pie, las dos en el pie.
Inés, Inés, Inesita, Inés.
Dábales el aire, meneábanse,
meneábanse, meneábanse.
Dábales el aire, jaleábanse,
jaleábanse, jaleábanse.
Inés, Inés, Inesita, Inés."

(Popular)

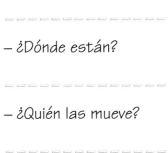

Contesto ○○○○○○○○○○○

— ¿Cuántas hojas tiene el árbol?

— ¿Dónde están?

— ¿Quién las mueve?

Escribo y canto una canción de mi país ○○○○○○○○○○○
Pregunto a papá y mamá.

Leo y aprendo la poesía ·····

Molinero es mi amante,
tiene un molino
bajo los pinos verdes,
cerca del río.
  Niñas, cantad:
"Por las tierras de Soria
yo quisiera pasar".

Antonio Machado

Contesto ∘∘∘∘∘∘∘∘∘∘

– ¿Dónde está el molino? ﹍﹍﹍﹍﹍﹍

– ¿Qué es el Duero? ﹍﹍﹍﹍﹍﹍﹍

– ¿Sabes el nombre de un río de tu país? ﹍﹍﹍

Busco en el diccionario ∘∘∘∘∘∘∘∘∘∘∘

molino, pino, amante, orilla.

Mientras danzáis en corro,
  niñas, cantad:
    Ya están los prados verdes,
    ya vino abril galán(1).
    A la orilla del río,
    por el negro encinar(2),
    sus abarcas(3) de plata
    hemos visto brillar.
    Ya están los prados verdes,
    ya vino abril galán.

Antonio Machado.

(1) galán - elegante
(2) encinar - lleno de
    encinas (árboles)
(3) abarcas - zapatillas

Contesto ∘∘∘∘∘∘∘∘∘

– ¿Qué hacen estas niñas? ﹍﹍﹍﹍﹍﹍

– ¿De qué color está el prado? ﹍﹍﹍﹍

MI COLE

COLEGIO
ESCUELA
INSTITUTO

Cuento y leo ∘∘∘∘∘∘∘∘∘∘∘

Esta era mi escuela en Polonia. Era pequeña. La "señora" se enfadaba mucho. Yo tenía muchos amigos. Sacaba buenas notas.

Esta es mi escuela de Madrid. Es muy grande. El primer día tenía mucho miedo. No entendía bien a los niños y a veces me llamaban "Polaca". Pero ahora ya tengo amigos.

Estudio y completo ∘∘∘∘∘∘∘∘∘∘∘

40	41	42	43	44
CUARENTA	CUARENTA Y UNO	CUARENTA Y DOS	....	....

45	46	47	48
....	....	....	....

Dibujo mi cole por dentro ○○○○○○○○○○○

 Contesto cómo es mi clase ○○○○○○○○○○○

1. ¿Cuántas mesas hay? _____

2. ¿Cuántas sillas hay? _____

3. ¿De qué color son las mesas? _____

4. ¿Es grande la pizarra? _____

5. ¿Hay fotos en la pared? _____

6. ¿Hay mapas? _____

7. ¿Cuántos libros hay? _____

4

Escucho y leo ············

Ana: Déjame un lápiz.

Monika: No te entiendo.

Ana: No tengo lápiz, préstame uno.

Monika: Sólo tengo uno.

La profesora: ¡Silencio! Niños, a trabajar.

Diálogo ············

Mi compañero/a: Déjame la goma.

Yo: ------------

Mi compañero/a: ------------

Yo: ------------

La profe: ------------

Mi compañero/a: ------------

Relaciono ············

• ¡Silencio! • ¡Sentaos! • ¡Levantaos! • ¡Al recreo! • ¡A la clase! • ¡Abrid el libro!

• ¡Cerrad el libro! • ¡Escribid! • ¡Leed!

 Escribo el nombre ○ ○ ○ ○ ○ ○ ○ ○ ○ ○

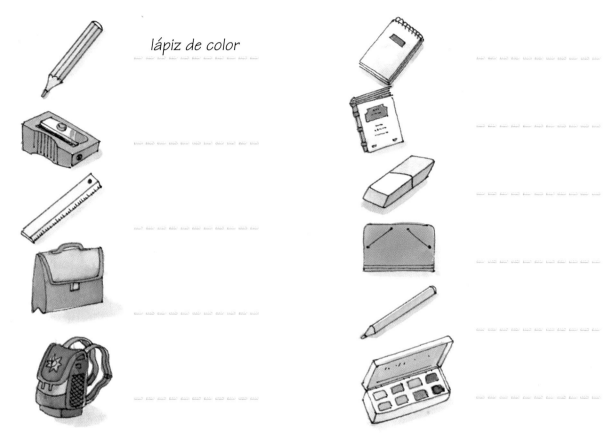

lápiz de color

 Dibujo ○ ○ ○ ○ ○ ○ ○ ○ ○ ○ ○

¿Qué hago en el cole?

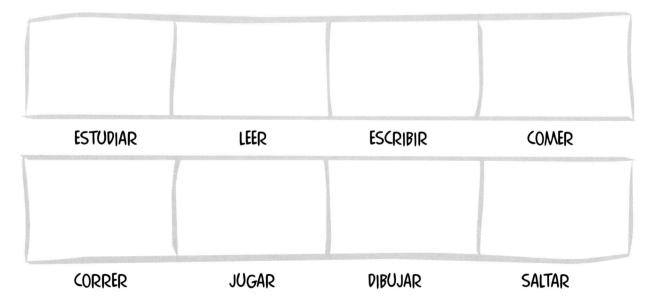

| ESTUDIAR | LEER | ESCRIBIR | COMER |

| CORRER | JUGAR | DIBUJAR | SALTAR |

4

Estudio y aprendo

Comer	Escribir	Saltar
yo como	yo escribo	yo salto
tú comes	tú escribes	tú saltas
él/ella come	él/ella escribe	él/ella salta
nosotros/as comemos	nosotros/as escribimos	nosotros/as saltamos
vosotros/as coméis	vosotros/as escribís	vosotros/as saltáis
ellos/as comen	ellos/as escriben	ellos/as saltan

Recuerdo

Completa con alguna de las palabras que has aprendido.

Yo *como* en el comedor.

Tú _____ en la clase.

Él _____ en el cuaderno.

Nosotras _____ el dibujo.

Vosotras _____ a la cuerda.

Ellas _____ en el patio.

Recuerda

Formo el masculino y el femenino: pongo "los" o "las".

la hija _____

el padre _____

la tía _____

la prima _____

el sobrino _____

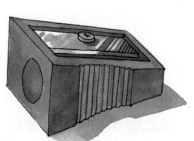

Para hablar de varias personas, animales o cosas pongo "s" al final.

la regla _____

el sacapuntas _____

el perro _____

la cartera _____

el profesor _____

Cuento ○○○○○○○○○○

André
En Camerún, mi "cole" está lejos de casa y tengo que andar mucho hasta que llego. En mi clase hay 50 niños y el profesor escribe mucho en la pizarra y nosotros leemos y aprendemos.

Ahora te toca a ti ○○○○○○○○○○○

— ¿Qué haces en el colegio? _____

— ¿Cuántos niños hay en la clase? _____

Escribo ○○○○○○○○○○○

¿Dónde está? Completa según el modelo.

La mesa está cerca de Elisa.
La silla está lejos de Elisa.

El armario está _____ de Elisa.   La lámpara está _____ de la mesa.

La mesa está _____ del armario.   Elisa está _____ de la puerta.

MI CALLE

ARRIBA

DETRÁS

DERECHA

IZQUIERDA

DELANTE

ABAJO

1 cabina de teléfonos	4 calle	7 farola	10 paso de cebra
2 bicicleta	5 cafetería	8 coche	11 obra
3 acera	6 tienda de ropa	9 parque	12 correos
			13 ambulatorio

 Contesto. ¿Dónde está? . . . .

Cuento y leo ○○○○○○○○○○○

Esta es una calle de la ciudad donde vivo en España. Hay muchos niños y un parque. Hay muchos coches, tiendas y gente que pasa. A veces, hay mucho humo de los coches.

Dibujo ○○○○○○○○○○○

La calle de la localidad donde vivía en mi país.

Recuerdo y escribo ○○○○○○○○○○○

Cómo es la calle donde vivía en mi país.

5

Estudio °°°°°°°°°°

y completo (vivía, era, jugaba).

Yo vivo en _ _ _ _ _ _ _

Yo vivía en _ _ _ _ _ _ _

Mi ciudad es grande.

Mi ciudad era _ _ _ _ _ _ _

Yo juego en el parque.

Yo _ _ _ _ _ en la calle.

Vivir
yo vivía
tú vivías
él/ella vivía
nosotros/as vivíamos
vosotros/as vivíais
ellos/as vivían

Ser
yo era
tú eras
él/ella era
nosotros/as éramos
vosotros/as erais
ellos/as eran

Jugar
yo jugaba
tú jugabas
él/ella jugaba
nosotros/as jugábamos
vosotros/as jugabais
ellos/as jugaban

¡Ya sé! °°°°°°°°°°

Pregunto a mi compañero.

– ¿Cómo es la calle donde vives?

☐ grande   ☐ pequeña
☐ fea   ☐ bonita

– ¿Cómo era la calle donde vivías en _ _ _ _ _ _ _ _ _ _?

_ _

– ¿Cuántas tiendas hay en tu calle?

_ _

– ¿Cuántas tiendas había en tu calle de _ _ _ _ _ _ _?

_ _

 **Pregunto en casa y escribo** º º º º º º º º º º

— La calle donde vivía mi abuela era _ _ _ _ _ _ _ _ _ _ _

_ _

— La calle donde vivía mi padre era _ _ _ _ _ _ _ _ _ _ _

_ _

— La calle donde vivo yo es _ _ _ _ _ _ _ _ _ _ _ _ _ _ _

_ _

 Contesto º º º º º º º º º º º

Busco en el dibujo de la página 38.

— ¿Dónde llamo por teléfono?

_ _

— ¿Dónde compro ropa?

_ _

— ¿Dónde se toman café y refrescos?

_ _

— ¿Desde dónde se envían cartas y paquetes?

_ _

Contesto ∘∘∘∘∘∘∘∘∘∘∘

Busco en el dibujo de la página 36.

— ¿Dónde está el ciclista?

— ¿Dónde está el niño con el balón?

— ¿Dónde está el parque?

— ¿Dónde está el coche?

— ¿Dónde está la tienda de ropa?

 Diálogo ∘∘∘∘∘∘∘∘∘∘∘

Mohamed: ¿Dónde está el médico, por favor?

Policía: Sigue todo recto y coge la primera calle a la derecha.

Mohamed: ¿Dónde está correos?

Policía: Al lado del ambulatorio.

Mohamed: Muchas gracias.

Policía: De nada.

Escribo ⁐⁐⁐⁐⁐⁐⁐⁐⁐

un diálogo como el de Mohamed.

○ ....

○ ....

○ ....

○ ....

○ ....

○ ....

○ ....

Dibujo ⁐⁐⁐⁐⁐⁐⁐⁐⁐

la escena del diálogo.

Estudio ⁐⁐⁐⁐⁐⁐⁐⁐⁐

49	50	60	70	80	90
CUARENTA Y NUEVE	CINCUENTA	SESENTA	SETENTA	OCHENTA	NOVENTA

DE COMPRAS

MERCADO - MERCADILLO

| 1 carnicería | 3 frutería | 5 charcutería |
| 2 floristería | 4 panadería | 6 pescadería |

Voy al mercado.

¿Me acompañas?

 Adivino ○ ○ ○ ○ ○ ○ ○ ○ ○ ○ ○
¿Cómo se llaman?

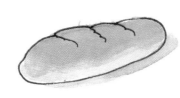

PESCADO - PIÑA - FLORES - PLÁTANOS - UVAS - QUESO -
PAN - JAMÓN - HUEVOS - PERAS

6

Busco en el diccionario y escribo el nombre de las tiendas en las que se venden estos productos ∘∘∘∘∘∘∘∘∘

1. Plátano: ....

2. Pan: ....

3. Piña: ....

4. Huevos: ....

5. Queso: ....

6. Pescado: ....

7. Uvas: ....

8. Flores: ....

9. Peras: ....

10. Jamón: ....

Contesto ∘∘∘∘∘∘∘∘∘∘

¿Para qué sirve?

....

¿Cómo se llama?

....

Estudio ∘∘∘∘∘∘∘∘∘∘

100	101	102	103
CIEN	CIENTO UNO	CIENTO DOS	CIENTO TRES

Diálogo ○○○○○○○○○○

Silvia: — ¡Buenos días!

Tendero: — ¡Buenos días!

Silvia: — Un kilo de manzanas, dos de tomates y tres de peras.

Tendero: — ¿Qué manzanas, rojas o verdes?

Silvia: — Rojas.

Tendero: — Aquí tiene.

Silvia: — Gracias. ¿Cuánto es?

Tendero: — Son 5,15 euros.

Silvia: — Tenga. Adiós, gracias.

¡Ya sé! ○○○○○○○○○○○

**Ahora yo voy de compras.
Escribo un diálogo.**

○ _____

○ _____

○ _____

○ _____

○ _____

○ _____

○ _____

6

Adivino ∘∘∘∘∘∘∘∘∘∘

Todo esto se compra en la tienda de ropa. Escribo el nombre.

bufanda

BOTAS - VESTIDO - FALDA - ZAPATOS - BLUSA -

~~BUFANDA~~ - PANTALÓN - CALCETINES - ABRIGO -

CINTURÓN - TRAJE - JERSEY

Contesto ∘∘∘∘∘∘∘∘∘∘∘

¿Qué puedo comprar con…?

....

....

....

....

¿Qué puedo comprar con…?

....

....

....

....

¿Qué puedo comprar con…?

1 euro

0,50 céntimos

0,10 céntimos

0,20 céntimos

6

Contesto ○○○○○○○○○○

¿Quién es? ....

¿En cuántos países se puede comprar con euros?

Recuerdo ∘∘∘∘∘∘∘∘∘∘∘

¿Cómo se llama la moneda de tu país?
Dibuja una moneda o un billete de tu país.
¿Recuerdas qué dibujo tiene?

 Pregunto en el mercado ∘∘∘∘∘∘∘∘∘∘∘
¿Cuánto cuesta?

1 kg de manzanas

- - - - - - - - - -

unos zapatos

- - - - - - - - - -

1 paquete de arroz

- - - - - - - - - -

1 kg de plátanos

- - - - - - - - - -

1 kg de filetes

- - - - - - - - - -

1/2 docena de huevos

- - - - - - - - - -

2 kg de sardinas

- - - - - - - - - -

1 barra de pan

- - - - - - - - - -

6

Diálogo ° ° ° ° ° ° ° ° ° ° ° °

Silvia y Monika

Silvia: — Mi vestido es <u>más</u> bonito <u>que</u> el tuyo.

Monika: — No, mi vestido es <u>más</u> bonito <u>que</u> el tuyo.

Silvia: — Mi vestido es <u>el más</u> bonito.

Monika: — No, tu vestido es <u>tan</u> bonito como el mío.

Silvia: — Mi vestido es precioso.

Contesto y dibujo ° ° ° ° ° ° ° ° ° ° °

¿Cuál es más bonito?

El vestido de Silvia.   El vestido de Monika.

Recuerdo ° ° ° ° ° ° ° ° ° ° °

Mi traje es más bonito que el tuyo.

Su .... es más .... que el suyo.

Tu .... es tan .... como el mío.

.... vestido .... bonito .... el tuyo.

Aprendo ° ° ° ° ° ° ° ° ° ° °

110	120	130	140	150
CIENTO DIEZ	CIENTO VEINTE	CIENTO TREINTA	CIENTO CUARENTA	CIENTO CINCUENTA

Adivina, adivinanza ∘∘∘∘∘∘∘∘∘∘∘

Sin alas vuela lo mismo.
Se parece a una langosta.
En su cabeza un molino
y en cualquier sitio se posa.

Es ....

En los pies tengo ojos,
dos puntas en la cabeza
y, para hacerme trabajar
los ojos me has de tapar.

Son ....

JUEGO

¿Juegas?...

"Los columpios"

COMETA

AROS

BALANCÍN

TOBOGÁN

PUENTE

ESCALERAS

BALÓN

Contesta con: *aquí, allí, al lado de, al fondo* ⚬⚬⚬⚬⚬⚬⚬⚬⚬⚬⚬

— ¿Dónde está el tobogán?   *El tobogán está al lado de las escaleras.*

— ¿Dónde está el puente?

— ¿Dónde están los aros?

— ¿Dónde está el balancín?

 Recuerdo ⚬⚬⚬⚬⚬⚬⚬⚬⚬⚬

En Polonia hacía mucho frío. En invierno nevaba mucho. Nosotras empezábamos el colegio en el segundo turno, a las 11,30. Jugábamos con nieve y también veíamos la tele. En verano nos bañábamos en una pequeña bañera de metal y jugábamos en el campo.

 Recuerdo ⚬⚬⚬⚬⚬⚬⚬⚬   Contesto ⚬⚬⚬⚬⚬⚬⚬⚬

1. ¿Hacía mucho frío en tu país?

2. ¿Hacía calor?

3. ¿Llovía mucho?

7

Adivino el número que corresponde ∘∘∘∘∘∘∘∘∘∘∘∘

☐ CICLISMO   ☐ BOXEO   ☐ NATACIÓN   ☐ ESGRIMA   ☐ FÚTBOL

☐ TENIS   ☐ EQUITACIÓN   ☐ ATLETISMO

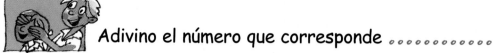

1   2   3   4   5   6   7   8

Escribo ∘∘∘∘∘∘∘∘∘∘∘∘

el país y el deporte que practica cada uno.

Polonia - China - Francia - Marruecos - Alemania - Bélgica - Camerún - Rumanía

Contesto ○○○○○○○○○○

1. ¿Qué deporte me gusta más?

   A mí me gusta _____

2. ¿Te gusta el fútbol?

   _____

3. ¿Sabes nadar?

   _____

4. ¿Quién es tu deportista preferido?

   _____

Aprendo ○○○○○○○○○○

LOS POSESIVOS		
mío	mía	mi
tuyo	tuya	tu
suyo	suya	su
nuestro	nuestra	
vuestro	vuestra	
suyo	suya	

LOS DEMOSTRATIVOS

este	esta
ese	esa
aquel	aquella

Contesto ○○○○○○○○○○

¿De quién es?
es mío, es suyo, es tuyo

— Este es mi balón.

— Ese es tu ....

— Aquel es su "boli".

— Esta es mi goma.

— Esa es tu ....

— Aquella es su ....

— Este balón es mío.

_____

_____

_____

_____

**Así jugábamos
en Polonia.**

Jugábamos con las manos.

Si, si smerfetka i branzoletka
i branzoletka i papa smerf.

Sí, sí los pitufos y sus
pulseras y su pulsera y
papá pitufo.

Zegar Wybia godzine 1.
Zegar Wybia godzine 2.
Zegar Wybia godzine 3.

El reloj marca la 1.
El reloj marca las 2.
El reloj marca las 3.

Adivina, adivinanza ○○○○○○○○○○○

Blanco cristal,
si la corto
me hace llorar.

Es ....

Habla y no tiene boca,
oye y no tiene oído;
es una cosa y hace ruido
y, a veces, se equivoca.

Es ....

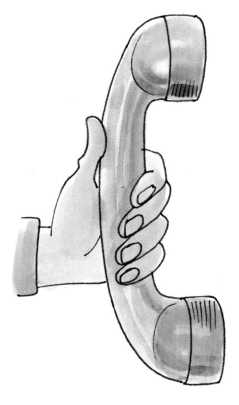

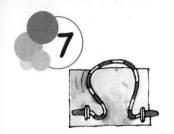

7

Al pasar la barca
me dijo el barquero,
las niñas bonitas
no pagan dinero.
Al pasar la barca,
me volvió a decir,
las niñas bonitas
no pagan aquí.

Cuando venga el cartero
qué carta será, si será
de mi novio o de mi papá.
Pam, pam, ¿quién es?
– ¡El cartero!
– ¿Hay carta?
– No, no, no. ¡Hasta luego!

Cantamos ○○○○○○○○○○○

Debajo un botón, ton, ton
que encontró Martín, tin, tin
había un ratón, ton, ton.
¡Ay, qué chiquitín! tin, tin.
¡Ay, qué chiquitín! tin, tin
era aquel ratón ton ton
que encontró Martín, tin, tin
debajo un botón, ton, ton.

Ratón que te pilla el gato,
ratón que te pillará,
si no te pilla esta noche,
te pilla a la "madrugá".

A la zapatilla por detrás, tris, tras
ni la ves ni la verás, tris, tras.
Mirad arriba que caen judías,
mirad abajo que caen garbanzos.
A dormir, a dormir, que llegan los Reyes Magos.

Pata de Palo
Pata de Palo es un pirata malo
que come carne cruda y bebe
agua del mar.

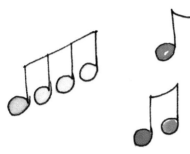

Debajo de la cama
de mi abuelita hay una calavera
que representa a quien lo diga,
le daré un pisotón y un capón
cuando yo diga ya.

7

Jugamos ○○○○○○○○○○○

Pasi misi, pasi misá,
por la Puerta de Alcalá,
los de delante corren mucho,
los de detrás se quedarán.
Pasi misí, pasi misá
por la Puerta de Alcalá....

¿Quieres saber?

Mohamed tiene un parque cerca de su casa. Allí hay muchos columpios para jugar. Todos los días baja después del colegio. También juega al fútbol y al baloncesto.

Escribo ·········

lo que hace mi compañero el sábado.

Dibujo ··········

| UN TOBOGÁN | UN BALANCÍN | UNOS AROS |

¿QUÉ HORA ES?

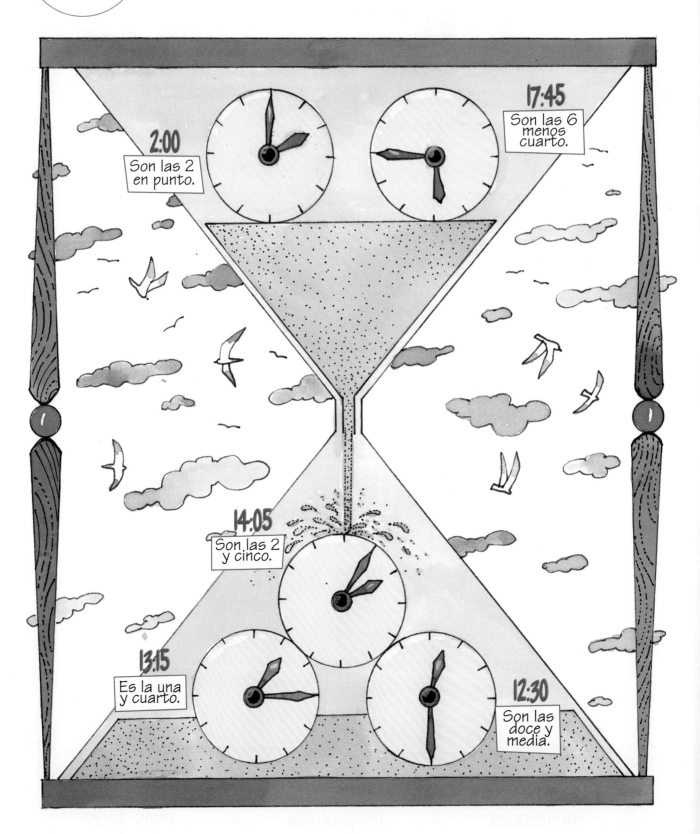

2:00 Son las 2 en punto.

17:45 Son las 6 menos cuarto.

14:05 Son las 2 y cinco.

13:15 Es la una y cuarto.

12:30 Son las doce y media.

¡Ya sé! ○ ○ ○ ○ ○ ○ ○ ○ ○ ○ ○ ○

¿Qué hora es?

Recuerdo ○○○○○○○○○○
El año tiene 4 estaciones y 12 meses.

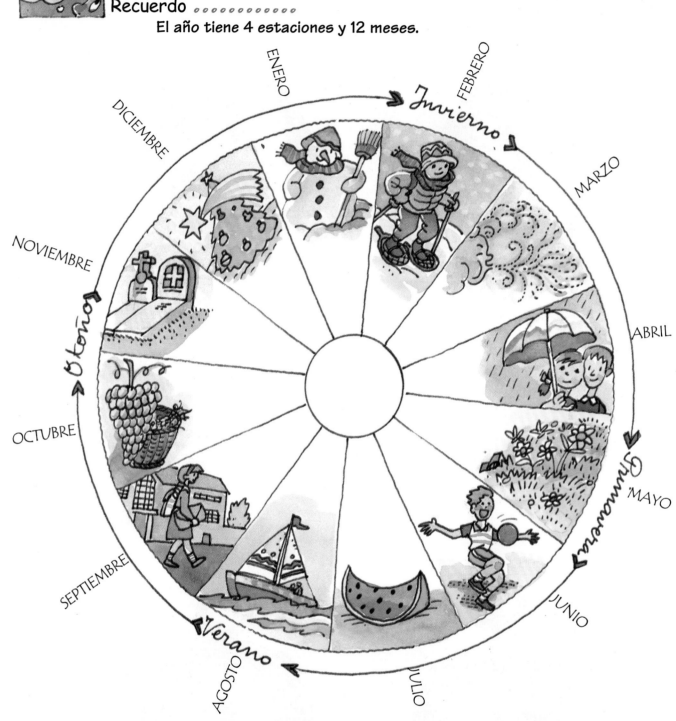

La semana tiene 7 días.

LUNES, MARTES, MIÉRCOLES, JUEVES, VIERNES, SÁBADO, DOMINGO.

El mes tiene 28, 30 ó 31 días

ENERO, FEBRERO, MARZO, ABRIL, MAYO, JUNIO, JULIO, AGOSTO, SEPTIEMBRE, OCTUBRE, NOVIEMBRE, DICIEMBRE.

Escribo ∘∘∘∘∘∘∘∘∘∘∘

el nombre de cada estación.

Contesto con ∘∘∘∘∘∘∘∘∘∘∘

primavera, verano, otoño, invierno.

– ¿Cuándo te pones la bufanda?   *Me pongo la bufanda en invierno.*

– ¿Cuándo usas el bañador?   ‗ ‗ ‗ ‗ ‗ ‗ ‗ ‗ ‗ ‗ ‗ ‗ ‗ ‗ ‗

– ¿Cuándo vas más veces al parque?   ‗ ‗ ‗ ‗ ‗ ‗ ‗ ‗ ‗ ‗ ‗ ‗ ‗

– ¿Cuándo ves más tiempo la tele?   ‗ ‗ ‗ ‗ ‗ ‗ ‗ ‗ ‗ ‗ ‗ ‗ ‗

Contesto ◦◦◦◦◦◦◦◦◦◦◦ **¿Qué hace Mohamed todos los días?**

- A las 8:30 me levanto, me lavo y desayuno. Después voy al colegio, a las 11 tengo recreo y a las 13:30 como.
- Por la tarde, a las seis, voy a jugar a la plaza con mis amigos.
- Los viernes a las 14:30 voy a la mezquita y los domingos, a las once, juego al fútbol en la plaza.
- Los lunes a las 17:00 acompaño a mi madre a la compra.
- Los martes y jueves a las cinco de la tarde voy a clase de árabe.
- Los miércoles, a las 15:00, voy con mi padre a trabajar en un jardín.

horas	LUNES	MARTES	MIÉRCOLES	JUEVES	VIERNES
8:30 - 9:30					
9:30 - 10:30					
10:30 - 11:30					
11:30 - 12:30					
13:30 - 14:30					
14:30 - 15:30					
15:30 - 16:30					
16:30 - 17:30					

Contesto ◦◦◦◦◦◦◦◦◦◦◦ **¿Qué hago yo?**

horas	LUNES	MARTES	MIÉRCOLES	JUEVES	VIERNES

Aprendo

¿Cómo se escribe la dirección en una carta?

Primero se escribe el nombre de la calle y después, el número.

Sr. y Sra. Karpik
C/ Villacarlos, nº 7
28040 Madrid
España

Cuento y leo

Escribo una carta a

Madrid, 2 de mayo

Querida amiga Teresa:

Estoy muy contento de vivir en Madrid. Tengo tres amigos en mi "cole" y ya entiendo un poco más el español. ¿Cómo estáis vosotros? Tengo ganas de veros otra vez.

Muchos besos
André.

EL MÉDICO

RECETA

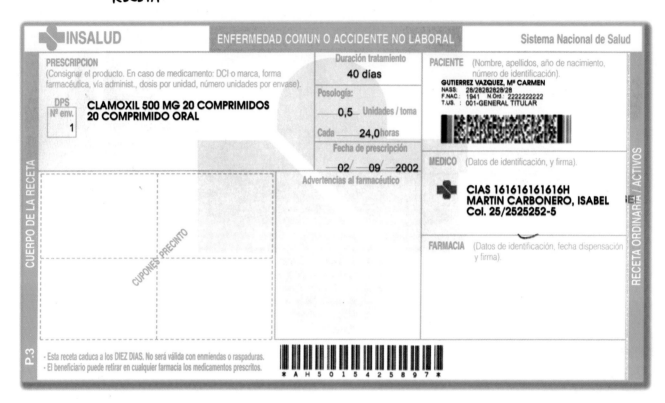

| **INSALUD** | **ENFERMEDAD COMUN O ACCIDENTE NO LABORAL** | **Sistema Nacional de Salud** |

PRESCRIPCION
(Consignar el producto. En caso de medicamento: DCI o marca, forma farmacéutica, vía administ., dosis por unidad, número unidades por envase).

DPS Nº env.
1

CLAMOXIL 500 MG 20 COMPRIMIDOS
20 COMPRIMIDO ORAL

Duración tratamiento
40 días

Posología:
0,5 Unidades / toma
Cada 24,0 horas

Fecha de prescripción
02 / 09 / 2002

Advertencias al farmacéutico

PACIENTE (Nombre, apellidos, año de nacimiento, número de identificación).
GUTIERREZ VAZQUEZ, Mª CARMEN
NASS: 28/28282828/28
F.NAC.: 1941   N.Ord: 2222222222
T.US.: 001-GENERAL TITULAR

MEDICO (Datos de identificación, y firma).
CIAS 161616161616H
MARTIN CARBONERO, ISABEL
Col. 25/2525252-5

FARMACIA (Datos de identificación, fecha dispensación y firma).

CUERPO DE LA RECETA

CUPONES-PRECINTO

RECETA ORDINARIA ACTIVOS

P.3
· Esta receta caduca a los DIEZ DIAS. No será válida con enmiendas o raspaduras.
· El beneficiario puede retirar en cualquier farmacia los medicamentos prescritos.

AH5015425897

MEDICINAS

RELENZA®
ZANAMIVIR
1 Diskhaler®
5 Rotadisk
812412

Gelocatil
Paracetamol
20 compr

PRIMPERAN®
Metoclopramida hidrocloruro
60 COMPRIMIDOS
sanofi~synthelabo
VIA ORAL

ASPIRINA® ADULTOS
712786-E.F.P.
BAYER
Acido acetilsalicílico
20 comp

Buscapina® grageas
Butilbromuro de hioscina
723122

Cuento y leo ○○○○○○○○○○○

Hace frío. Me duele la cabeza, me duelen los ojos y la garganta. Tengo fiebre y estornudo mucho. Mis padres me llevan al ambulatorio. El médico me mira la garganta y me receta un jarabe y unas pastillas. Después, compramos las medicinas, en la farmacia.

termómetro

Contesto ○○○○○○○○○○○

1. ¿Qué le duele a Mohamed?

　　　　　　　　　　

2. ¿Tiene mucha fiebre?

　　　　　　　　　　

3. ¿Estornuda mucho?

　　　　　　　　　　

4. ¿Dónde le llevan?

　　　　　　　　　　

5. ¿Qué le recetan?

　　　　　　　　　　

6. ¿Dónde compran las medicinas?

　　　　　　　　　　

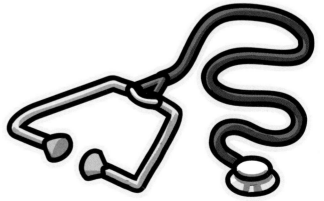

Escribo ○○○○○○○○○○○
¿Dónde está?

1 ------------------------

2 ------------------------

3 ------------------------

4 ------------------------

5 ------------------------

6 ------------------------

7 *pecho*

8 ------------------------

9 ------------------------

10 ------------------------

11 ------------------------

12 ------------------------

13 ------------------------

14 ------------------------

15 ------------------------

16 ------------------------

17 ------------------------

18 ------------------------

19 ------------------------

20 ------------------------

PIES - CUELLO - OREJAS - MUSLO - BOCA - OJOS -
DEDOS DEL PIE - TOBILLO - DEDOS DE LA MANO - PIERNA
MANO - MUÑECA - CODO - RODILLA - BRAZO -
HOMBRO - ~~PECHO~~ - CARA - NARIZ - PELO

Juego ○○○○○○○○○○○

> **"Simón dice"**
> Cuando diga tu compañero una parte del cuerpo, tú la tocas. Gana quien lo haga antes. Pierde el último.

 Recuerdo ○○○○○○○○○○○

¿Qué le duele a Mohamed?

....

 **Escribo** ○○○○○○○○○○○

¿Qué te ocurrió la última vez que estuviste enfermo?

....

....

....

....

....

....

....

9

Diálogo ○○○○○○○○○○○

Médico: — ¿Qué te pasa?

Mohamed: — Me duele la cabeza y la garganta.

Médico: — Dejame ver... bien, bien... tienes un resfriado... Toma tres sobres de Clamoxyl al día y este jarabe.

Mohamed: — Gracias doctor. Adiós.

¡Ya sé! ○○○○○○○○○○○

Escribe un diálogo.

Jugamos a los médicos.

Aprendo ○○○○○○○○○○○

200	500	700	800
DOSCIENTOS	QUINIENTOS	SETECIENTOS	OCHOCIENTOS
900	1.000	200.000	1.000.000
NOVECIENTOS	MIL	DOSCIENTOS MIL	UN MILLÓN

Recuerdo y completo ○○○○○○○○○○○○

Cuando uso el verbo ser.

- soy guapo   sois trabajadores
- soy alto   soy _____
- es buena   es _____
- es mala   es _____
- es rico   es _____
- es estudioso   eres _____
- es pobre   somos _____

Pero... cuando uso el verbo estar.

- estoy enfermo   estoy cansado
- estoy resfriado   estoy _____
- estoy triste   estoy _____
- estoy contento   estoy _____
- estoy asustado   estoy _____
- está sentado   está _____

LA TOS DE MI MUÑECA

Como mi linda muñeca
tiene un poquito de tos,
yo, que enseguida me aflijo,
hice llamar al doctor.

Serio y callado, a la enferma
largo tiempo examinó,
ya poniéndola el termómetro,
ya mirando su reloj.

La muñeca estaba pálida, yo temblaba
de emoción, y al fin el médico dijo,
bajando un poco la voz: esta tos sólo
se cura con un caramelo o dos.

Germán Berdiales

QUISIERA SER...

Cuento ....

El papá de Monika ahora está en el paro, pero antes trabajaba en el "butano". Transportaba bombonas de gas en un camión, era repartidor de butano.

El papá de Sergio era médico en su país, Rusia, y su mamá era ingeniera de telecomunicaciones. Perdieron su empleo y aquí trabajan en una empresa de limpieza.

 Escribo ....

¿Dónde trabajan tu papá y tu mamá?

Los trabajos de los padres y madres de los compañeros.

Cuento °°°°°°°°°°°

Hoy Silvia le ha contado a André que quiere ser profesora, estar siempre rodeada de niños para tratarlos con cariño, enseñarles muchas cosas y escribir en la pizarra.

Contesto °°°°°°°°°°°

1. ¿Qué quiere ser Silvia?

_____

2. ¿Por qué le gustaría ser profesora?

_____

3. ¿Con quién estaría siempre?

_____

4. ¿Dónde quiere escribir?

_____

Contesto

Pregunto al compañero.

- ¿Qué quiero ser de mayor?

  Quiero ser _____

- ¿Qué quiere ser de mayor?

  Quiere ser _____

- ¿Qué será Silvia de mayor?

  Será _____

Ser	
yo	seré
tú	serás
él/ella	será
nosotros/as	seremos
vosotros/as	seréis
ellos/as	serán

Aprendo y escribo

Yo seré _____

tú serás _____

él/ella será _____

nosotros/as seremos _____

vosotros/as seréis _____

ellos/as serán _____

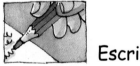

Escribo en mi idioma

MECÁNICO/A

DOCTOR/A

PROFESOR/A

....

Relaciono ....

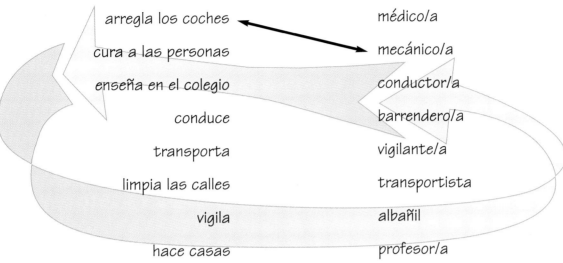

arregla los coches   médico/a

cura a las personas   mecánico/a

enseña en el colegio   conductor/a

conduce   barrendero/a

transporta   vigilante/a

limpia las calles   transportista

vigila   albañil

hace casas   profesor/a

Dibujo ....

Qué utiliza para su trabajo...

el barrendero   el cocinero

el panadero   el albañil

Leo ···········

No me llames extranjero

No me llames extranjero,
porque haya nacido lejos
o porque tenga otro nombre
la tierra de donde vengo.

No me llames extranjero,
porque fue distinto el seno
o porque acunó mi infancia
otro idioma de los cuentos.

No me llames extranjero,
si del amor de una madre
tuvimos la misma luz,
en el canto y en el beso
aunque suenen iguales
las madres contra su pecho.

No me llames extranjero,
ni pienses de dónde vengo,
mejor saber dónde vamos
adónde nos lleva el tiempo.

No me llames extranjero,
porque tu pan y tu fuego
calman mi hambre y mi frío
y me cobija tu techo.

No me llames extranjero,
tu trigo es como mi trigo,
tu mano como la mía,
tu fuego como mi fuego
y el hambre no avisa nunca,
vive cambiando de dueño.

No me llames extranjero,
es una palabra triste,
es una palabra helada
huele a olvido y a destierro.

No me llames extranjero,
mira tu niño y el mío
cómo corren de la mano
hasta el final del sendero.

No los llames extranjeros,
ellos no saben de idiomas,
de límites, ni banderas,
míralos, se van al cielo
con una risa paloma
que los reúne en el vuelo.

No me llames extranjero,
piensa en tu hermano y el mío
el cuerpo lleno de balas
besando de muerte el suelo.
Ellos no eran extranjeros,
se conocían de siempre
por la libertad eterna
igual de libres murieron.

No me llames extranjero,
mírame bien a los ojos,
mucho más allá del odio,
del egoísmo y el miedo
y verás que soy un hombre,
no puedo ser extranjero,
no me llames extranjero.

Rafael Amor

¡Ya sé! ···········

Ahora intento hacer yo una poesía.

APÉNDICE

En clase de lengua ⸰⸰⸰⸰⸰⸰⸰⸰⸰⸰

○ El **abecedario** español está formado por 27 letras, 5 vocales y 22 consonantes.

A B C D E F G H I J K L M N Ñ O P Q R S T U V W X Y Z

a b c d e f g h i j k l m n ñ o p q r s t u v w x y z

○ Los **ARTÍCULOS** van delante de los nombres o sustantivos.

	Masculino	Femenino
Ejemplo:	Los niños	La casa
Singular:	**el**	**la**
Plural:	**los**	**las**

PUEDES PRACTICAR
EN LA PÁGINA 27.

○ Los nombres tienen **género** (femenino o masculino). Los nombres femeninos llevan delante **la**; los masculinos, **el**.

Ejemplo: *el perro* - *la perra*

○ Los nombres también tienen **número**: **singular** para nombrar una cosa, **plural** para nombrar varias.

Ejemplo: **los** niños - **las** niñas

PUEDES PRACTICAR
EN LA PÁGINA 36.

○ Los **ADJETIVOS** son las palabras que nos dicen cómo son o cómo están las personas, los animales o las cosas. Tienen género y número, como los nombres o sustantivos.

Cuando se construye una frase, el nombre y el adjetivo tienen que estar en el mismo género y número.

PUEDES PRACTICAR
EN LA PÁGINA 77.

Ejemplo: El **vestido** de Ana es **bonito**. La **casa** de Mohamed es **bonita**.

○ **LOS PRONOMBRES PERSONALES**

Yo me llamo	**Nosotros nos** llamamos
Tú te llamas	**Vosotros os** llamáis
Él se llama	**Ellos se** llaman
Ella se llama	**Ellas se** llaman

LOS ADJETIVOS Y PRONOMBRES DEMOSTRATIVOS

Singular				Plural	
Masc.	Fem.	Neutro		Masc.	Fem.
este	esta	esto		estos	estas
ese	esa	eso		esos	esas
aquel	aquella	aquellos		aquellos	aquellas

PUEDES PRACTICAR EN LA PÁGINA 57.

PUEDES PRACTICAR EN LAS PÁGINAS 28 Y 57.

LOS ADJETIVOS Y PRONOMBRES POSESIVOS

	Un poseedor				**Varios poseedores**			
	Masculino		Femenino		Masculino		Femenino	
	Singular	Plural	Singular	Plural	Singular	Plural	Singular	Plural
adjetivos	mi	mis	mi	mis	nuestro	nuestros	nuestra	nuestras
	tu	tus	tu	tus	vuestro	vuestros	vuestra	vuestras
	su	sus	su	sus	su	sus	su	sus
pronombres	mío	míos	mía	mías	nuestro	nuestros	nuestra	nuestras
	tuyo	tuyos	tuya	tuyas	vuestro	vuestros	vuestra	vuestras
	suyo	suyos	suya	suyas	suyo	suyos	suya	suyas

Ejemplo: *Este es el boli de Ana. Este es* **su** *boli.* - **Mi** *madre se llama Aisha.*

Los **VERBOS** indican acciones que se están realizando en el presente, que se han realizado en el pasado o que se van a realizar en el futuro.

Hay tres **conjugaciones**: la primera, que acaba en **-ar**; la segunda, que acaba en **-er**; y la tercera, en **-ir**.

PRESENTE

	-ar: cantar	**-er: beber**	**-ir: abrir**
yo	canto	bebo	abro
tú	cantas	bebes	abres
él/ella	canta	bebe	abre
nosotros/as	cantamos	bebemos	abrimos
vosotros/as	cantáis	bebéis	abrís
ellos/as	cantan	beben	abren

PUEDES PRACTICAR EN LAS PÁGINAS 28 Y 36.

PASADO

	-ar: saltar	**-er: comer**	**-ir: vivir**
yo	saltaba	comía	vivía
tú	saltabas	comías	vivías
él/ella	saltaba	comía	vivía
nosotros/as	saltábamos	comía	vivíamos
vosotros/as	saltabais	comíais	vivíais
ellos/as	saltaban	comían	vivían

PUEDES PRACTICAR EN LA PÁGINA 40.

FUTURO

	-ar: contestar	-er: ver	-ir: reír
yo	contestaré	veré	reiré
tú	contestarás	verás	reirás
él/ella	contestará	verá	reirá
nosotros/as	contestaremos	veremos	reiremos
vosotros/as	contestaréis	veréis	reiréis
ellos/as	contestarán	verán	reirán

PUEDES PRACTICAR EN LA PÁGINA 82.

En clase de matemáticas ○○○○○○○○○○○

CIFRAS Y NÚMEROS

Los números se escriben separados a partir del treinta.

Ejemplo: *12: doce, 28: veintiocho, 31: treinta y uno, 97: noventa y siete.*

OPERACIONES

(=) se dice "igual".

La operación (+) se llama **suma** y se lee "más": 4 + 5 = 9, *cuatro **más** cinco igual a nueve.*

La operación (-) se llama **resta** y se lee "menos": 10 − 2 = 8, *diez **menos** cinco igual a ocho.*

La operación (x, ·) se llama **multiplicación** y se lee "por": 4 x 5 = 20, *cuatro **por** cinco igual a veinte.*

La operación (:) se llama **división** y se lee "entre": 10 : 2 = 5, *diez **entre** dos igual a cinco.*

LAS UNIDADES DE MEDIDA

Peso

Kilogramo (kg), gramo (g)
1 kg es igual a 1.000 g.

Longitud

Kilómetro (km), metro (m), centímetro (cm).
1 km es igual a 1.000 m.
1 m es igual a 100 cm.

PUEDES PRACTICAR EN LAS PÁGINAS 47 Y 51.

Tiempo

Los años se dividen en doce meses.
Los meses se dividen en semanas.
Las semanas tienen siete días.
Un día tiene 24 horas.
Una hora tiene 60 minutos.
Un minuto tiene 60 segundos.

PUEDES PRACTICAR EN LAS PÁGINAS 17, 49, 66, 67, 68, 69, 70.

Dinero

Monedas y billetes.
El símbolo del euro es **€**.